Erstellung einer einfachen Java-Anwendung zur Verwaltung eines elektronischen Karteisystems

Joerg F. Walbaum

Bibliografische Information der Deutschen Nationalbibliothek:

Die Deutsche Nationalbibliothek verzeichnet diese Publikation in der Deutschen Nationalbibliografie; detaillierte bibliografische Daten sind im Internet über http://dnb.d-nb.de abrufbar.

ISBN: 9783346807779
Dieses Buch ist auch als E-Book erhältlich.

Druck und Bindung: Books on Demand GmbH, Norderstedt Germany
Gedruckt auf säurefreiem Papier aus verantwortungsvollen Quellen

Das vorliegende Werk wurde sorgfältig erarbeitet. Dennoch übernehmen Autoren und Verlag für die Richtigkeit von Angaben, Hinweisen, Links und Ratschlägen sowie eventuelle Druckfehler keine Haftung.

Das Buch bei GRIN: https://www.grin.com/document/1320669

Java Grundlagen für Einsteiger

Erstellung einer einfachen Java-Anwendung zur Verwaltung eines elektronischen Karteisystems

Assignment im Modul JAV 41

AKAD University

eingereicht von:
Jörg Walbaum
Studiengang: Data Science -Bachelor of Science (B.Sc.)

Hamburg, den 28.12.2022

Inhaltsverzeichnis

Abkürzungsverzeichnis

API	Application Programming Interface
bzw.	beziehungsweise
GUI	Graphical User Interface
IDE	Integrated Development Environment
IP	Internet Protocol
JVM	Java Virtual Machine
TCP	Transmission Control Protocol
sog.	sogenannte
u.a.	unter anderem
UML	Unified Modeling Language
WWW	World Wide Web
z.B.	zum Beispiel

Abbildungsverzeichnis

1 Einleitung

1.1 Problemstellung und Relevanz dieser Arbeit

Die Digitalisierung schreitet in allen Bereichen voran und Software durchdringt zunehmend die Arbeitswelt und das gesellschaftliche Leben. Um an der Gestaltung der digitalen Welt teilzunehmen ist eine qualifizierte Programmierausbildung unvermeidlich. Dabei gibt es aufgrund einer Vielzahl von elektronischen Systemen unterschiedliche Programmiersprachen, um das beste Ergebnis zu erzielen. Aufgrund ihrer Plattformunabhängigkeit ist Java eine der populärsten und meistgenutzten Programmiersprachen.[1] Die häufig kolportierte Komplexität und Fehler, die im Programmierprozess auftreten, hält viele Programmieranfänger davon ab zu beginnen.

1.2 Ziel und Aufbau dieser Arbeit

Das Ziel dieser Arbeit ist es die ersten Schritte des Programmierens zu erlernen und eine einfache Java-Anwendung zur Verwaltung eines elektronischen Karteisystems zu erstellen. Der Entwicklungsprozess beinhaltet eine Klasse Freund, eine Klasse Adresse sowie eine Klasse Kartei zur Verwaltung von Freunden. Über ein Mainprogramm soll es dem Nutzer ermöglicht werden beispielhaft verschiedene Freunde mit ihren möglichen Adressen einzugeben und eine Kartei anzulegen. Auch soll u.a. das Löschen eines Eintrags und eine Änderung an einem Eintrag beispielhaft vorgenommen werden. Die Erstellung und Ausgabe einer Adressliste aller Freunde soll letztendlich die Funktionsfähigkeit des Programms überprüfen. Mögliche Fehler, die während des Programmiervorgangs auftreten, sollen behandelt und dokumentiert werden. Zur Beschreibung der Klassen sollen UML-Diagramme verwendet und Vorschläge zur strukturellen Verbesserung und Erweiterung des Programms diskutiert werden.

Das Assignment gliedert sich in vier Kapitel. Anknüpfend an die Einleitung im ersten Kapitel erfolgt die Erarbeitung der theoretischen Grundlagen im zweiten Teil dieser Arbeit. In diesem werden wichtige Begrifflichkeiten und die Merkmale der Programmiersprache Java definiert. Das dritte und vierte Kapitel bildet den Schwerpunkt dieser Arbeit. In diesem werden die Konzeption der Java-Anwendung und die Implementierung des elektronischen Karteisystems dargestellt. Der Schlussteil gibt eine kurze Zusammenfassung der Ergebnisse sowie eine kritische Reflexion der eigenen Vorgehensweise.

---

[1] vgl. PYPL Popularity of Programming Language Index (2022)

2 Grundlagen der Java-Programmierung

In diesem Kapitel soll kurz ein einheitliches Verständnis für die Programmiersprache Java geschaffen sowie Merkmale und Besonderheiten erläutert werden. Zudem erfolgt ein kurzer Einblick in die Objektorientierung, welche bei der Konzeptionierung und Implementierung von Java-Programmen bedeutend sind.

2.1 Ursprung und Definition von Java

Die dynamischen Entwicklungen von Web-Technologien begünstigte, dass sich die 1995 von der Firma Sun (heute Oracle) entwickelte Programmiersprache Java innerhalb kurzer Zeit etablieren konnte. Dabei ist nicht nur die Objektorientierung ein wesentliches Unterscheidungsmerkmal, sondern auch die breite Anwendbarkeit.[2] Als universelle Programmiersprache wird Java für eine Vielzahl von Anwendungen in der industriellen Praxis auf der Client-, und insbesondere auf der Serverseite, genutzt. Sie wird dabei sowohl bei Business-Anwendungen, als auch bei mobilen Geräten eingesetzt. Ein herausragendes Merkmal von Java ist ihre Plattformunabhängigkeit. So sind in Java programmierte Anwendungen inklusive ihrer grafischen Oberflächen ohne Portierung auf nahezu allen Rechnersystemen lauffähig.[3] Das Sprachkonzept von Java orientiert sich stark an C++ bzw. C, jedoch konnten mit Java zudem Programme erstellt werden, die sich direkt in Webseiten einbinden und ausführen lassen. Demnach war Java die erste Sprache des WWW.[4]

2.2 Eigenschaften von Java

Die wichtigsten Eigenschaften von Java sind die Plattformunabhängigkeit und die Internetfähigkeit. Das vom Java-Compiler aus dem Quellcode entwickelte Programm, auch Bytecode genannt, ist unabhängig von der Rechnerarchitektur und läuft auf jedem Computer, auf dem eine spezielle Software, die Java Virtual Machine (JVM) bzw. eine integrierte Entwicklungsumgebung (IDE), installiert ist.

---

[2] vgl. Gabler Wirtschaftslexikon (2022)
[3] vgl. Abts, (2013), S. 1
[4] vgl. Ratz/ Schulmeister-Zimolong/ Seese/ Wiesenberger, (2018), S. 19f

Die wichtigsten Merkmale der Programmiersprache sind:

- Java ist eine objektorientierte Sprache, die sämtliche zentrale Aspekte der Objektorientierung wie Klassen, Objekte, Vererbung und Polymorphie unterstützt.
- Die Sprache ist bewusst einfach gehalten und stark typisiert. Bereits bei der Übersetzung in den Bytecode werden Datenüberprüfungen ausgeführt und Typinkonsistenzen erkannt.
- Java nutzt zur Zeichendarstellung den internationalen Unicode-Standard (16-Bit-Codierung).
- Die im Programm benutzten Klassen können an unterschiedlichen Orten liegen und werden erst zur Laufzeit des Programms bei Bedarf hochgeladen.
- Die Speichermanagement in Java erfolgt automatisch. Der Speicherplatz für nicht mehr benötigte Objekte kann während der Laufzeit eines Programmes vom Laufzeitsystem freigegeben werden (Garbage Collection).
- Laufzeitfehler, die während der Abarbeitung eines Programmes auftreten, werden strukturiert behandelt (Exception-Handling).
- Java unterstützt den parallelen Ablauf von eigenständigen Programmabschnitten (Multithreading).
- Die Java-Klassenbibliothek bietet eine Reihe einfacher Möglichkeiten für die Netzwerkkommunikation auf Basis des TCP/IP- Protokolls. Des Weiteren stellt die Bibliothek eine Vielzahl nützlicher Schnittstellen (APIs), in Form von Klassen, für die Anwendungsentwicklung zur Verfügung.[5]

2.3 Begriffsdefinitionen

Der erste Schritt bei der Entwicklung eines objektorientierten Programmes ist die Modellierungsphase. Dabei wird die Situation, welche mit dem Programm realisiert werden soll, analysiert und ein Entwurf erstellt. Als Hilfswerkzeug dient häufig die Unified Modeling Language (UML). Diese stellt eine Sammlung von Diagrammtypen dar, mit deren Hilfe Entwickler die Zusammensetzung von objektorientierten Systemen in übersichtlicher Form beschreiben können.[6]

---

[5] vgl. Abts, (2013), S. 5
[6] vgl. Ratz/ Schulmeister-Zimolong/ Seese/ Wiesenberger, (2018), S. 206f

Damit die Kommunikation und Interaktion zwischen einem Rechner und einem User benutzerfreundlich erfolgen kann, nutzt man eine grafische Schnittstelle bzw. GUI (Graphical User Interface).[7] Ein sog. Code legt fest, wie Informationen mittels eines gegebenen Zeichenvorrats dargestellt werden.[8]

2.4 Fehlerursache und -behandlung

Bei der Codierung und Umsetzung von Programmen kommt es häufig zu Fehlern. Dies können einfache Schreibfehler (u.a. Groß- und Kleinschreibung) bzw. Syntaxfehler sein, welche zum Beispiel durch einen falschen Einsatz von Sprachelementen auftreten, oder sogenannte Semantikfehler, welche durch einen fehlerhaften logischen Aufbau eines Programmes entstehen. Ist bereits die Problemanalyse fehlerhaft, können Programme eine falsche Struktur aufweisen.[9] Bei der Ausführung eines Programmes können die Fehler in verschiedene Arten, wie zum Beispiel Benutzerfehler, Gerätefehler, mangelnde Ressourcen und Softwarefehler, unterschieden werden. Der Umgang mit Fehlern orientiert sich an der Ursache. Benutzerfehler können beispielsweise durch eine gut entworfene Benutzeroberfläche unmöglich gemacht werden. Gerätefehler können durch Austausch oder Reparatur der Hardware behoben, und Fehler durch mangelnde Ressourcen durch Aufrüsten der Hardware vermieden werden. Durch einen geeigneten Entwicklungsprozess und regelmäßige Tests können viele Softwarefehler zur Entwicklungszeit gefunden werden.[10]

---

[7] vgl. Ratz/ Schulmeister-Zimolong/ Seese/ Wiesenberger, (2018), S. 434
[8] vgl. Hansen/ Mendling, (2019), S. 442
[9] vgl. Ratz/ Schulmeister-Zimolong/ Seese/ Wiesenberger, (2018), S.30
[10] vgl. Hölzl/ Raed/ Wirsing, (2013), S. 215f

3 Konzeption der Java-Anwendung elektronische Kartei

In diesem Kapital erfolgt die Erläuterung des Aufbaus und der Gliederung des entwickelten Java-Programms. Des Weiteren werden die Anforderungsspezifikationen der einzelnen Klassen sowie exemplarisch ausformulierte Java-Codes dargestellt.

3.1 Klassen

In Java beinhalten Klassen drei Hauptaufgaben, welche sich wie folgt zusammenfassen:

1. Klassen legen die Struktur von Objekten fest.
2. Klassen bestimmen das Verhalten von Objekt.
3. Klassen werden zum Erzeugen von Objekten verwendet.

Ein Überblick über mögliche Klassenelemente und ihre Syntax wird in der Anlage 1 bereitgestellt.[11] Jede Klasse besitzt einen Namen und kann beliebig viele Variablen, Attribute sowie Methoden besitzen.[12] Mit der Deklaration einer Klasse kann ein neuer Datentyp eingeführt werden und beliebig viele Instanzen in dieser Klasse erzeugt werden. Vor einer Klassendeklaration, bzw. jedem Element in einer Klassendeklaration, können sog. Modifikatoren stehen. Die am häufigsten verwendeten sind `private`, `protected` und `public`, die den Zugriff auf nachfolgende Elemente beeinflussen. Um Klassenvariablen und -methoden zu kennzeichnen, nutzt man `static` und `final`. Dadurch wird das nachfolgende Element als konstant deklariert.[13] Zur Beschreibung der Klassen werden UML-Diagramme verwendet. Die UML ermöglicht den Entwicklern Abläufe auf eine einheitliche Basis zu erstellen und Systembeschreibungen für Fachfremde nachvollziehbar zu gestalten.[14]

3.1.1 Entwicklung der Klasse Freund

Für die Speicherung des Schlüssels wurde ein Integer (`int`) gewählt, da eine Ganzzahl leicht zu lesen ist und jeder Freund dadurch eindeutig identifizierbar wird. Um einen unbefugten Zugriff von außerhalb zu verhindern, werden die Attribute der Klasse Freund mit dem Zugriffsmodifizierer `private` deklariert.

---

[11] vgl. Hölzl/ Read/ Wirsing, (2013), S. 49f
[12] vgl. Ratz/ Schulmeister-Zimolong/ Seese/ Wiesenberger, (2018), S.30
[13] vgl. Hölzl/ Read/ Wirsing, (2013), S. 51ff
[14] vgl. Rumpe (2011), S. 6

Die Adressen der Freunde werden in einer `ArrayList` mit der Bezeichnung <Adresse> verwaltet. Die `ArrayList` ist veränderbar und es lassen sich beliebig viele Instanzen der Klasse Adresse ohne festgelegte Länge aufnehmen.[15] Nachfolgender Code gibt einen Überblick über die deklarierten Instanzvariablen:

```
private int schluessel;
private String vorname;
private String nachname;
private String geburtsdatum;
private ArrayList<Adresse> adressListe = new ArrayList<Adresse>();
```

Der `new-Operator` instanziert Objekte, indem der sogenannte Konstruktor der Klasse aufgerufen wird.[16] Dadurch kann jedem erzeugten Freund ein Vorname, Nachname, Geburtsdatum und eine Adresse zugewiesen werden. Um innerhalb der Klasse Freund ein Konstruktor derselben Klasse aufzurufen, erfolgt dies mit `this`. Jedes Objekt hat somit eine Komponentenvariable, die eine Referenz auf das Objekt selbst enthält.[17] Mit der sog. Getter-Methode `getVorname()` wird das Auslesen der deklarierten Variablen ermöglicht. Die sog. Setter-Methode `setVorname()` ermöglicht das Ändern der als `private` deklarierten Variable `vorname` und überschreibt den aktuellen Wert.[18] Der ausformulierte Java-Code am Beispiel des Vornamens lautet wie folgt:

```
public String getVorname()
{
    return vorname;
}
public void setVorname(String vorname)
{
    this.vorname = vorname;
}
```

Mit dem Schlüsselwort `public` wird die Sichtbarkeit der Methode bzw. des Unterprogrammes definiert. `void` definiert, dass wir keinen Rückgabewert wollen, sondern nur einen Eingabewert.[19]

Die Abbildung 1 zeigt zusammenfassend ein UML-Diagramm mit allen Zugriffsmethoden der Klasse Freund.

---

[15] vgl. Goll/ Heinisch (2014). S. 734 (Java als erste Programmiersprache)
[16] vgl. Riesen (2020). S. 53ff (Java in 14 Wochen)
[17] vgl. Ratz/ Schulmeister-Zimolong/ Seese/ Wiesenberger, (2018), S.215ff
[18] vgl. Riesen (2020). S. 92ff (Java in 14 Wochen)
[19] vgl. Bauer (2020)

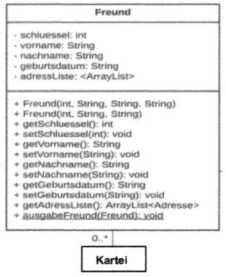

Abbildung 1: UML Klassendiagramm Freund

3.1.2 Entwicklung der Klasse Adresse

Die Klasse Adresse besitzt die von der Aufgabenstellung vorgegebenen Variablen strasse, plz und ort. Diese werden analog der Klasse Freund ebenfalls durch den Modifier private geschützt. Der ausformulierte Java-Code lautet wie folgt:

```
private String strasse;
private String plz;
private String ort;
```

Die Speicherung erfolgt in der ArrayList<Adresse>, die sich in der Klasse Freund befindet. Für die Erzeugung von Objekten wurde ebenfalls ein Konstruktor durch folgenden Java-Code deklariert:

```
public Adresse (String strasse, String plz, String ort)
{
this.strasse = strasse;
this.plz = plz;
this.ort = ort;
}
```

Wie in der Klasse Freund ist der Methodenname gleich dem Klassennamen. Wie bereits bei der Klasse Freund wurden zum Auslesen und Überschreiben ebenfalls Getter- und Setter-Methoden genutzt. Die Abbildung 2 zeigt ein UML-Diagramm mit allen Zugriffsmethoden der Klasse Adresse.

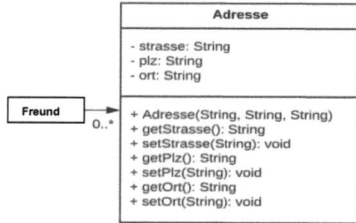

Abbildung 2: UML Klassendiagramm Adresse

3.1.3 Entwicklung der Klasse Kartei

Die Klasse Kartei hat die Aufgabe Freunde zu verwalten. Wesentliche Bestandteile sind daher Methoden zum Hinzufügen, Löschen, Suchen und Ändern. Über eine HashMap erfolgt die Zuordnung. Die HashMap bietet sich an, da jedem Schlüssel maximal ein Wertobjekt zugeordnet werden kann und dadurch die Schlüssel in einer Map immer eindeutig sind.[20] Ist der Schlüssel beim Hinzufügen bereits vergeben, erfolgt eine Fehlermeldung. Um den benötigen Ablauf der Form wenn-dann-sonst zu implementieren wurde eine if-Anweisung eingesetzt, welche inspiziert, ob der Schlüssel bereits existiert. Die Überprüfung erfolgt über eine boolsche Variable (true oder false).[21] Der Java Code fasst sich wie folgt zusammen:

```
public class Kartei
{
        private static Map<Integer, Freund> adressListe = new HashMap<Integer,
        Freund>();
        public static void freundHinzufuegen(Freund f)
        {
        boolean schluesselVorhanden = adressListe.containsKey(f.getSchlues
        sel());
        if (schluesselVorhanden==true)
        {
        System.out.println("Schluessel " + f.getSchluessel() + " bereits
        vergeben, " + f.getVorname() + " " + f.getNachname() + " kann nicht
        verwendet werden!\n");
        }
        else
        {
            adressListe.put(f.getSchluessel(), f);
        }
    }
}
```

Die Methode zum Löschen eines Eintrages, beispielhaft anhand des Schlüssels, erfolgt ebenfalls über eine if-Anweisung und den boolschen Variablen true und false. Durch die remove-Methode wird der komplette Eintrag aus der adressListe gelöscht.

```
public static void loescheSchluessel(int s)
{
    boolean schluesselVorhanden = adressListe.containsKey(s);

    if (schluesselVorhanden==true)
    {
        adressListe.remove(s);
    }
    else
    {
        System.out.println("Keine Einträge mit Schluessel " + s + "
        vorhanden!\n");
    }
}
```

---

[20] vgl. Silberbauer (2020). S. 96
[21] vgl. Hölzl/ Read/ Wirsing, (2013), S. 35ff

Exemplarisch wurde die Suche nach Freunden anhand des Vornamens methodisch entwickelt. Eine while-Anweisung unterstützt dabei den gesuchten Vornamen in der `adressListe` zu finden und diesen auszugeben, falls dieser vorhanden ist.[22]

```java
public static void sucheVorname(String n)
{
    int j = adressListe.size();
    Iterator<Integer> iterator = adressListe.keySet().iterator();
    while(iterator.hasNext())
    {
        Freund f = adressListe.get(iterator.next());
        if(n.equals(adressListe.get(f.getSchluessel()).getVorname()))
        {
            Freund.ausgabeFreund(f);
        }
        else
        {
            j = j - 1;
            if (j == 0)
            {
                System.out.println("Der gesuchte Vorname " + n + " ist nicht vor
                handen\n");
            }
        }
    }
```

Da eine `ArrayList` ihre Größe automatisch den tatsächlich vorhandenen Elementen anpasst, kann mit Hilfe der Methode `size` die jeweils aktuelle Anzahl der gespeicherten Freunde aus der `adressListe` erzeugt bzw. angezeigt werden.[23] Dies erfolgt über den Java Code:

```java
public static void anzahlFreunde()
{
    System.out.println("Du hast " + adressListe.size() + " Freunde in
    Deiner Liste.");
}
```

Die Abbildung 3 gibt anhand des UML-Diagramms eine grafische Übersicht der exemplarisch eingesetzten Methoden sowie des eingepflegten Mainprogrammes.

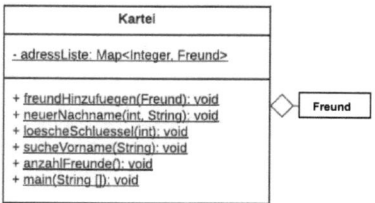

Abbildung 3: UML Klassendiagramm Kartei

---

[22] vgl. Riesen (2020). S. 146f
[23] vgl. Riesen (2020). S. 208

3.2 Mainprogramm

Zur Ausführung eines Java Programmes muss in den Klassen eine `main` Methode implementiert werden. In dieser Hauptmethode startet das Programm und es erfolgt die Ausführung des eigentlichen Codes. Jede Programmieranweisung wird in der main Methode von oben nach unten ausgeführt und muss die Signatur `public static void main(String[] args)` besitzen.[24]

Die Problemstellung gibt vor, dass in einem Mainprogramm beispielhaft verschiedene Freunde mit ihren möglichen Adressen eingegeben und in einer Kartei angelegt werden sollen. Auch das Löschen eines Eintrages und eine Änderung an einem Eintrag soll beispielhaft vorgenommen sowie eine Adresse aller Freunde erstellt und ausgegeben werden. Zunächst werden Objekte der Klassen Freund und Adresse wie folgt instanziert.

```
// Instanziierung Freunde
Freund f101 = new Freund (101, "Manuela", "Neuer", "12. Mai 1982");
Freund f102 = new Freund (102, "Toni", "Rüdiger", "01. Februar 1990");
Freund f103 = new Freund (103, "Lolita", "Matthäus", "27. April 1967");
Freund f104 = new Freund (104, "Diego Armando", "Maradonna", "03. Juli 1967");
Freund f105 = new Freund (105, "Nikolaus", "Füllkrug", "08. Juli 1987");

// Instanziierung Adressen
Adresse adr1 = new Adresse("Am Marienplatz 1", "80751", "München");
Adresse adr2 = new Adresse("Gran Via 1", "28095", "Madrid");
Adresse adr3 = new Adresse("Am Sportplatz 1", "90089", "Herzogenaurach");
Adresse adr4 = new Adresse("Auf der Wolke 7 ", "10000", "Himmelsdorf");
Adresse adr5 = new Adresse("Weserstadion 27 ", "30157", "Bremen");
Adresse adr6 = new Adresse ("Am Volkspark 1", "20100", "Hamburg");

// Zuweisung der Adressen
f101.getAdressListe().add(adr1);
f102.getAdressListe().add(adr2);
f103.getAdressListe().add(adr3);
f104.getAdressListe().add(adr4);
f105.getAdressListe().add(adr5);
```

Nachdem die Adressen den Freunden zugewiesen wurden, erfolgt die Bearbeitung der Einträge gemäß der Problemstellung:

```
// Freund mit Schlüssel 104 (Diego Armando Maradonna) wird aus adressListe
gelöscht:
loescheSchluessel(104);

// Nachname von Neuer in Hitzelsberger ändern:
neuerNachname(101, "Hitzelsberger");

// Vornamen von Freund f102 ändern, wurde als "Antonella" angelegt:
     f102.setVorname("Antonella");

// adr3 neue Postleitzahl
adr3.setPlz("80099");
```

---

[24] vgl. Ratz/ Schulmeister-Zimolong/ Seese/ Wiesenberger, (2018), S. 53

```
// adr5 Ort ändern
       adr5.setOrt("München");

//adr5 Postleitzahl ändern
       adr5.setPlz("80900");
```

Gemäß der Aufgabenstellung wurde einem Freund noch eine zweite Adresse zugewiesen und ein Code entwickelt, welcher die Anzahl der Freunde ausgibt.

```
Iterator<Integer> iterator = adressListe.keySet().iterator();
while(iterator.hasNext())
{
    Freund f = adressListe.get(iterator.next());
    Freund.ausgabeFreund(f);
}
anzahlFreunde();
```

Abschließend wird das Programm ausgeführt und die manipulierte Adressliste mit der Anzahl der Freunde wird auf der Konsole wie folgt ausgegeben:

```
Manuela Hitzelsberger geboren am: 12. Mai 1982
wohnhaft: Am Marienplatz 1, 80751 München

Antonella Rüdiger geboren am: 01. Februar 1990
wohnhaft: Gran Via 1, 28095 Madrid

Lolita Matthäus geboren am: 27. April 1967
wohnhaft: Am Sportplatz 1, 80099 Herzogenaurach

Lolita Matthäus geboren am: 27. April 1967
wohnhaft: Am Volkspark 1, 20100 Hamburg

Nikolaus Füllkrug geboren am: 08. Juli 1987
wohnhaft: Weserstadion 27, 80900 München

Du hast 4 Freunde in Deiner Liste.
```

Die ausgegebene Adressliste dokumentiert die Funktionsfähigkeit des Programmes.

3.3 Programmierfehler

Gerade als Anfänger begegnen einem bei der Programmierung anfangs häufig Fehlermeldungen, die auf der Konsole erscheinen. Mögliche Ursachen sind z.b., dass die Anweisungen nicht mit einem Strichpunkt beendet wurden, Zeichenketten nicht in Doppelanführungszeichen (") eingeschlossen sind, die Groß- und Kleinschreibung bei Variablen nicht beachtet wurde oder geschweifte und runde Klammern verwechselt oder nicht korrekt geschachtelt sind. Auch kann es passieren, dass der Code außerhalb der Klasse steht und nicht innerhalb der geschweiften Klammer der Klassendefinition.[25] In der Regel zeigt IntelliJ (IDE) die Stelle an, bei der sich der Fehler befindet und gibt hilfreiche Hinweise auf die Art des Fehlers.

---

[25] vgl. Hölzl/ Read/ Wirsing, (2013), S. 14

4 Fazit

4.1 Zusammenfassung

Ziel dieses Assignments ist es, die ersten Schritte der Java-Programmierung zu erlernen und hierfür eine einfache Anwendung zur Verwaltung eines elektronischen Karteisystems zu erstellen. Bereits bei der Einarbeitung und während der Literaturrecherche kristalisierte sich heraus, wie umfangreich der Themenkomplex ist. Zwar war der Anforderungskatalog an die Anwendung verhältnismäßig gering, jedoch zeichnete sich früh ab, dass im Programmierungsprozess eine methodische Vorgehensweise elementar ist. Trotz einer strukturierten Arbeitsweise ließen sich Fehler im Zuge der Codierung nicht vermeiden. In der Regel waren dies typische Anfängerfehler, wie das Missachten der Groß- und Kleinschreibung bei Variablen oder das Vergessen eines Strichpunktes nach der Anweisung. Die im Rahmen der Programmierung genutzte Entwicklungsumgebung bzw. das Programmierwerkzeug IntelliJ zeigte in der Regel an, wo sich der Fehler befand, und gab hilfreiche Hinweise hinsichtlich der Art des Fehlers. Zusammenfassend zeigte sich, dass bereits bei kleinen und einfachen Anwendungen beim Testen stetig Änderungen vorgenommen werden müssen. Die (Weiter-) Entwicklung scheint ein nie endender Prozess.

4.2 Kritische Reflexion der eigenen Vorgehensweise

Für die Problemstellung in diesem Assignment sollen nur die wichtigsten Methoden zur Verfügung gestellt werden, was zu Lasten der Bedienerfreundlichkeit und Einsatzfähigkeit des Programmes geht. Mit dem Mainprogramm werden die Klassen beispielsweise nur getestet und nach Beendigung der Anwendung gehen die Daten verloren. Verbesserungspotenzial gäbe es hier mit der Möglichkeit der Speicherung der Textdatei bzw. derAnbindung an eine Datenbank. Die Ausgabe erfolgt zudem der Reihe nach, die Sortierung nach Alphabet wäre ein weiterer Verbesserungsschritt. Um die Benutzerfreundlichkeit zu erhöhen, könnte zudem eine grafische Benutzeroberfläche (GUI) entwickelt werden, welche Benutzerfehler unmöglich macht.

Literaturverzeichnis

Abts, D. (2013)

Grundkurs JAVA: Von der Grundlage bis zu Datenbank- und Netzanwendungen. 7. Auflage. Springer Fachmedien Wiesbaden GmbH

Bauer, A. (Internetquelle)

Methoden in Java: https://lernjava.de/grundlagen-methoden/ (abgerufen 23.11.2022)

Gabler Wirtschaftslexikon (Internetquelle)

https://wirtschaftslexikon.gabler.de/definition/java-40175/version-263566 (abgerufen am 20.11.2022)

Goll, J./ Heinisch, C. (2014)

Java als erste Programmiersprache: Ein professioneller Einstieg in die Objektorientierung mit Java. 7. Auflage. Springer Fachmedien Wiesbaden GmbH

Hölzl, M./ Allaithy, R./ Wirsing M. (2013)

Java kompakt: Eine Einführung in die Software-Entwicklung mit Java. Springer-Verlag Berlin, Heidelberg.

Ratz, D./ Schulmeister-Zimolong, D./ Seese, D./ Wiesenberger J. (2018)

Grundkurs Programmieren in JAVA. 8. aktualisierte Auflage. Carl Hanser Verlag München.

Riesen, K. (2020)

Java in 14 Wochen: Ein Lehrbuch für Studierende der Wirtschaftsinformatik. Springer Fachmedien Wiesbaden GmbH.

Rumpe, B. (2011)

Modellierung mit UML: Sprache, Konzepte und Methodik. 2. Auflage. Springer-Verlag Berlin, Heidelberg.

Silberbauer, C. (2020)

Einstieg in Java und OOP: Grundelemente, Objektorientierung, Design Patterns und Aspektorientierung. 2. Auflage. Springer-Verlag GmbH, Berlin.

Anhang

Anlage 1

Element	Syntax
	Bedeutung
Konstante	`final` *Typ VARIABLENNAME*
	konstanter Wert, z.B. PI
Klassenvariable	`static` *Typ Variablenname*
	Speicherplatz für die Klasse (nicht pro Objekt), Zugriff über Klasse

Klassenmethode	`static` *Typ Methodenname* $(Typ_1\ Param_1,\ \ldots,\ Typ_n\ Param_n)$ `{`
	    Methodenrumpf
	 `}`

	Verhalten, das von Objekten unabhängig ist
Instanzvariable	*Typ Variablenname*
	Speicherplatz für die Daten eines Objekts, Zugriff über Objekt
Konstruktor	*Klassenname* $(Typ_1\ Param_1,\ \ldots,\ Typ_n\ Param_n)$ `{` *Konstruktorrumpf* `}`
	Initialisierung von Objekten
Methode	*Rückgabetyp Methodenname* $(Typ_1\ Param_1,\ \ldots,\ Typ_n\ Param_n)$ `{` *Methodenrumpf* `}`
	Verhalten des Objekts

geschachtelte Klasse	`class` *Klassenname* `{`
	    Elemente
	 `}`

	Hilfsklasse, z.B. Iteratoren

geschachteltes Interface	`interface` *Interfacename* `{`
	    Elemente
	 `}`

	Interface, das nur innerhalb der Klasse benötigt wird

Abbildung 4: Elemente einer Klasse [26]

---

[26] vgl. Hölzl/ Read/ Wirsing, (2013), S. 50